ध्रुव तारा

Orange Books Publication

1st Floor, Rajhans Arcade, Mall Road, Kohka, Bhilai, Chhattisgarh 490020

Website: **www.orangebooks.in**

© Copyright, 2024, Author

All rights reserved. No part of this book may be reproduced, stored in a retrieval system, or transmitted, in any form by any means, electronic, mechanical, magnetic, optical, chemical, manual, photocopying, recording or otherwise, without the prior written consent of its writer.

First Edition, 2024

ध्रुव तारा

रूबल अग्रवाल

Orange Books Publication
www.orangebooks.in

अनुक्रमणिका

1. आळंदी 1
2. ध्रुव तारा 5
3. सीताफल बासुंदी 8
4. रसगुल्ला 13
5. लिफाफा 18
6. सागर और नदी 20
7. एक्सट्रीम लेवल का 22
8. डेटिंग ऐप 27
9. चॉल वाली बाई। 29
10. चर्चगेट फ़ास्ट 33
11. सिरियसली 37
12. फिर याद बहुत तुम आते हो… ... 41
13. ऐसे मिलने की क़ीमत क्या? 44
14. पहेली 45
15. श्री 48
16. बहुत थक गया हूँ मैं 50

परिचय

जीवन और कहानियों का बड़ा ही अजीब रिश्ता होता है। छोटे- छोटे किस्सों से बनी हुई कहानियों का एक संग्रह होता है जीवन। कुछ खट्टी और कुछ मीठी यादों का एक पिटारा है। किरदार बदलते है, प्रसंग बदलते हैं पर उन किरदारों की स्मृतियाँ रह जाती हैं।

आज उम्र के इस पड़ाव पर, जब मैं पीछे देखता हूँ, तो उन किस्सों की छाप सी दिखती है, किरदार भी दिखते हैं, और उन्हीं किरदारों और घटनाक्रमों में, खुद को खोजने की एक विफल सी कोशिश का भी एहसास रह जाता है। शायद इतना खो गया था उन मैं घटनाक्रमों में, की जीवन जीना भूलने सा लगा था।

खुद की कहानियों में तो सबको खुद ही नायक होना चाहिए ना ? अपनी ही किताब में, अपनी ही कहानी में नायक खुद ना होना, थोड़ा अजीब सा लगता है। पर यही तो मर्म है इस नश्वर जीवन का।

इस कहानी संग्रह से वापस एक प्रयास किया है खुद को खोजने का। पात्र काल्पनिक हैं, पर वृत्तांत यथार्थ और भावनाएँ वास्तविक। आशा है आप सबको मेरा यह प्रथम प्रयास पसंद आएगा।

आळंदी

सूरज की किरणों से उसकी आखें खुली। आज देर हो गई थी पर इंद्रायणी के तट पर इक्का-दुक्का लोग ही थे। कुछ ही देर में मंदिर में आने वालों का आवागमन शुरू हो जाएगा। दुकानदार भी अपनी-अपनी दुकान लगाने लगेंगे। फूल-माला की दुकान तो सज भी गईं थी। छोटी सी संदूकची में गंध और चंदन लेकर, ३-४ पुरुष स्नान करके मंदिर की तरफ जाने वाले दर्शनार्थियों के मनुहार में लगे थे। रोज़ का ही दृश्य था।

रुक्मिणी काकी का यही जीवन था पिछले १० सालों से। १० साल पहले, हरे रंग की नई साड़ी में सजी रुक्मिणी गाँव से भाग कर आई थी आलंदी। श्रीधर के साथ। आषाढ़ी एकादशी का दिन था, भीड़ बहुत थी उस दिन। श्रीधर उसे एक दुकान पर बिठाकर जो गया तो आज तक नहीं आया।

वापिस घर जाने की हिम्मत न जुटा पाई थी रुक्मिणी। वह दिन था और आज का दिन, वो इंद्रायणी का किनारा ही उसका जीवन था। एक छोटा सा कपड़े का झोला, जिस पर लगे पैबंद, उसकी उम्र और फटेहाली का रहस्य बयान कर देते। दिन भर नदी के किनारे विठ्ठल भजन करके कुछ पैसे कमा लेती। मधुर आवाज़ में जब सुर लगाती तो लोग बाग अनायास ही घिरे चले आते। कभी कोई दयावान श्रद्धालु कुछ कपड़े इत्यादि दे जाता। विठ्ठल की कृपा समझकर विभोर हो उठती रुक्मिणी। यही उसकी दिनचर्या थी। रोज़ रात मंदिर के बाहर जब अपना बिछौना डालती तो हाथ जोड़कर

प्रभु से अगली सुबह न देखने की प्रार्थना करती। पर आज तक माऊली ने उसकी प्रार्थना न तो स्वीकार की, न ही सुनी।

उम्र अभी ३० में कुछ महीने कम ही थी, पर अभाव और उपेक्षा ने समय से पहले ही बूढ़ा कर दिया था। उस पर श्रीधर के जाने का दुख। चेहरा झुर्रियों से भरा और शरीर हड्डियों का ढांचा ही गया था। वह चेहरा जिसे देखकर गाँव की सारी लड़कियाँ जला करती थीं, उसे खुद भी याद न था। माँ-बाप, भाई - बहन सब की यादें धुंधली सी हो गई थीं।

अचानक से दो वासुदेव दिखे, तो रुक्मिणी को याद आया कि आज एकादशी है। भीड़ भी अचानक से बढ़ गई थी। जो नदी का किनारा कुछ समय पहले तक सूना पड़ा था, वह अब भक्तों की चहल-कदमी से भर गया था। रुक्मिणी ने भी नदी की तरफ कदम बढ़ाए और नित्य कर्म से निपटकर, भजन की तैयारी करने लगी। भीड़ बढ़ती ही जा रही थी। सीढ़ी का एक कोना पकड़, रुक्मिणी गाने लगती है। पर आज उसका मन विचलित था। जो आँखें विट्ठल की छवि में लीन हो जाती थीं, वे आज भटक रही थीं। सुर भी उलटे ही पड़ रहे थे। उसने चित्त को एकाग्र करने की बहुत कोशिश की, परंतु मन विचलित हो रहा था।

भीड़ भी बढ़ती जा रही थी। ऐसी भीड़ उसने पिछले 10 सालों में नहीं देखी होगी। पर वह इन सब से अनजान भक्ति में लगी रही। रुक्मिणी ने आँखें बंद कर लीं, वह विट्ठल की छवि की कल्पना करने लगी। एकाग्रता से। उसे उनका चेहरा दिखने लगा। भाव में लीन, वह दोनों हाथों से ताली बजाने लगी। माऊली भजन उसके कंठ से बह पड़ा। उसका थैला उसके बगल में पड़ा था। पर अब उसे कुछ होश न था। सुरलहरी इतनी भीड़ में भी सुनाई दे रही थी। कुछ अलग ही ऊर्जा भर गई थी उसमें। विट्ठल साक्षात उसके

सामने थे, एकदम सजीव, वह डर से आँखें न खोलती, कि कहीं उनकी छवि खो न जाए।

भीड़ बहुत बढ़ गई थी, चलने की जगह भी नहीं थी। रुक्मिणी के हाथ-पैर थकने लगे, दो घंटे से ज्यादा हो गए थे उसे गाते हुए, पर उसमें रुकने की हिम्मत नहीं थी। कंठ से जैसे शब्द अपने आप ही निकल रहे थे। विठोबा मुस्कुरा दिए। रुक्मिणी के भी चेहरे पर एक मुस्कान दौड़ गई। नवागंतुकों को यह थोड़ा अजीब लगा, पर उसके सुर में आज जादू था। लोग सुनते ही जा रहे थे। रुक्मिणी भी न रुकी।

उसका फैला आँचल सिक्कों से भर गया था। पर आज वह विठोबा के लिए गा रही थी, पैसों के लिए नहीं। विठ्ठल उसके सामने थे, उसके कंठ में। रुक्मिणी उन्हें देखती रही और गाती रही। इष्ट के चेहरे पर एक संतोष का भाव था, और प्रेम का आनंद। उसे लगा कि जैसे विठ्ठल उससे पूछ रहे हों कि उसे क्या चाहिए। वह १० साल से की हुई अपनी प्रार्थना दोहराना चाहती थी, पर शब्द नहीं जुड़ रहे थे। दिमाग में एक अजब ही हलचल थी, पर कंठ से गीत न रुका। विठ्ठल ने उसकी तरफ एक हाथ बढ़ाया, रुक्मिणी ने भी हाथ बढ़ा दिया। ताली का स्वर अब रुक गया था। रुक्मिणी ने कोशिश करी बढ़कर विठ्ठल का हाथ थामने की, पर वे अचानक से भीड़ में खो गए। रुक्मिणी की चीख निकल गई। उसका गाना रुक गया। डर से उसकी आँखें खुल गई थीं। उसकी चीख से आसपास की भीड़ उसकी तरफ ही देखने लगी। रुक्मिणी ने घबराकर अपने चारों तरफ देखा। उसे लगा कि जैसे वह एक गहरे कुएं के तल में है। कई अनजान चेहरों को उसने कुएं में झाँकते हुए पाया। रुक्मिणी ने सिर उठाकर देखा, अनजाने चेहरों की भीड़ में एक चेहरा कुछ पहचाना हुआ लगा। कुएं में अंधेरा था, पर १० साल बाद भी वह पहचान गई। वह शायद श्रीधर था। वो श्रीधर ही था । कुएं में वापिस

अंधकार बढ़ने लगा था। रुक्मिणी की आँखें बंद होने लगीं। भीड़ में विठोबा उसे मुस्कुराते हुए दिखे। वह उनके पीछे चल दी। हरी साड़ी में लिपटी हुई।

आज माउली ने उसकी प्रार्थना सुन ली।

ध्रुव तारा

कहानियों का खुद का एक बड़ा ही दिलचस्प किस्सा होता है। एक नायक होता है, नायिका होती है, एक घटना होती है, एक सीधी सी शुरुआत और एक रोमांचक अंत होता है। अधूरा ही सही पर एक अंत होता जरूर है। पर उन कहानियों का क्या जिनकी शुरुआत तो होती है पर अंत नहीं होता?

तारा की कहानी भी कुछ ऐसी ही है।

तारा जिस दिन से ध्रुव से मिली उस दिन से हि उसे लगा कि उसकि काली अंधियारी रात जैसे जीवन में, पूर्णिमा का चाँद आ गया। पर चाँद कहलाना तो तारा को पसंद ही नहीं था। वह क्यों उधार की रोशनी से चमके? क्यों कभी आधी हो और कभी अधूरी रहे? ध्रुव के प्यार ने तो उसे पूरा कर दिया था। तारा और ध्रुव कैसे मिले, क्या हुआ, यह सब किसी और दिन की चर्चा का विषय है। आज तो तारा, पूर्णिमा के चाँद के जैसी खिल रही थी। हल्के पीले रंग का कुर्ता, बड़ा ही जच रहा था, उसकी गोरी काया पर। कान में एक छोटा सा मोती, आंखों में काजल की पतली सी धार। सिर पर करीने से सजाए हुए बाल, ऐसा लग रहा था कि जैसे हर एक बाल को चुन चुन कर उसी स्थान पर रखा हो, जो सिर्फ उसी बाल के लिए उचित था। बार बार आईने में देखती, हर एंगल से, कभी कोई बाल पीछे करती तो कभी दुपट्टा ठीक करती। गालों पे हल्की की लालिमा थी, होंठों पर एक न्यूट्रल शेड की लिपस्टिक। पहले जब वह तैयार हो के निकलती तो, सब

उसकी खूबसूरती की तारीफ करते, पर आज कुछ जच नहीं रहा था । तीन बार तो नेल पॉलिश का शेड बदला, कपड़े पसंद करने में पूरे दो घंटे लगे। जूते छोटी बहन के। पर तसल्ली नहीं हो रही थी आज । इत्र की आधी शीशी उडेल कर, उसने मोबाइल ऐप से कैब बुक करी। कैब आने में 5 मिनट की देरी थी। एक अंतिम बार आईने के सामने खड़ी हो कर, अपने आप को निहारा, थोड़ा घूम के साइड प्रोफाइल चेक करी, बालों में एक हाथ फेरा और लिपस्टिक की एक और परत, अपने होंठों पर चढ़ा ली। कैब आ चुकी थी। तारा ने एक छोटा क्लच लिया और खटाखट सीढ़ी उतरते हुए, 2 मंजिल पार कर के बिल्डिंग के गेट पे जा पहुंची। वहां खड़ी कैब में बैठते ही "भैय्या थोड़ा ए.सी. चला दो, गर्मी है।"

ठीक है, मैडम। मैम जरा ओटीपी बता दीजिए पलीज । भैय्या ये लो .... साआआत...... चाआआर.... नौऊऊऊ... और छे। .

९ -६ । सोच के ही, तारा के चेहरे पे एक मुस्कान पसर गई। अब गाड़ी ने रफ्तार पकड़ ली थी। हल्की बारिश भी होने लगी थी। कार के विंडो शेड्स पर पड़ी हुई बारिश की बूंदे, हाइवे पर लगे बड़े बड़े साइनबोर्ड के रंग बिरंगी नीयन लाइट्स से चमक उठी थी। ये बारिश का कमाल था या आज का दिन ही कुछ ऐसा था। पता नहीं, पर तेज भागती कार के शीशे पर फिसलती हुई वो रंग बिरंगी बूंदे कुछ उन यादों की तरह थी, जिन्हें तारा ने बड़े करीने से सजा कर तो रखा था, पर समय के साथ वो फिसलती जा रही थी। पर आज ये सब सोचने का दिन नहीं था। रोज़ वाला रास्ता और वही ट्रैफिक आज बड़े ही अच्छे लग रहे थे। वो जाना पहचाना रेस्टोरेंट, वही मॉल और वही मल्टीप्लेक्स, यह सड़क नहीं टाइम मशीन थी। कैब की वो खिड़की, चित्रपट का पर्दा बन गई थी, जिस पर एक - एक कर तारा की यादों के छाया चित्र चल रहे थे। कैब तेज रफ्तार से बढ़ रही थी, और पीछे छोड़ती

जा रही थी, उन यादों के सहेजे हुए पन्ने और उन पर फैला एक प्रेम जो अब तारा के होंठों पे मुस्कुराहट बन के बिखरने सा लगा था।

अचानक से एक स्पीड ब्रेकर से तारा की यादों का सिलसिला टूटा, उसने झटपट मोबाइल ऐप पर नजर डाली। लगभग १० मिनट का फासला और था। वो वापिस बाहर देखने लगी। पर अब वो दृश्य उसे अच्छे नहीं लग रहे थे। बारिश से भी उसे झुंझलाहट सी होने लगी थी। वो बार बार मोबाइल में ऐप को देखती, बाहर देखती। कभी झुंझलाहट से, कभी इंतजार से, कभी बेसब्री से तो कभी प्यार से। अब और इंतजार नहीं हो रहा था। उसने वापिस से ऐप पर देखा। सिर्फ ६ मिनट ही हुए थे, बस ६? लग तो ऐसा रहा था जैसे आधा घंटा बीत गया हो। लगभग ८ मिनट और थे गंतव्य तक पहुंचने में। ये ८ मिनट का समय अब कटे नहीं कट रहा था। कितना चंचल है ये मन भी, कुछ पल पहले जो सफर उसे रोमांचित कर रहा था, अब वही सहन नहीं हो रहा था। तारा ने एक बार वापिस मोबाइल ऐप खोला, ETA बस ५ मिनट.... तारा ने हड़बड़ा के क्लच खोला, एक छोटा सा दर्पण निकाला और कार से उतरने से पहले एक अंतिम बार, आईने में अपने चेहरे को देखा। बड़े आहिस्ता से, उसने एक गुलाब का फूल अपने क्लच से निकाला और बालों में लगाने लगी। तभी ड्राइवर ने टैक्सी रोक दी। "पेमेंट ऑनलाइन है"- कहते हुए तारा टैक्सी से उतरी।८ बजने में अभी पंद्रह मिनट बाकी थे। समय से पहले ही पहुच गई थी तारा । २ साल इंतजार किया था उसने आज के दिन का। वो तेज कदमों से बढ़ते हुए उसी कॉफी शॉप की तरफ बढ़ने लगी, जहां २ साल पहले ध्रुव ने उससे मिलने का वादा किया था।

सीताफल बासुंदी

१

शादी का माहौल था। पूरा घर अस्त-व्यस्त, बिखरा पड़ा था। सूरज सिर पे चढ़ने लगा था, पर अभी तक सुबह का नाश्ता ही नहीं निपटा था। फुल्ली बुआ का तो ब्लड प्रेशर ही बढ़ गया। अभी पूजा करने गाँव के पोखरे पर जाना था। देर हुई तो आते-आते १ बजेंगे। कब खाना होगा और कब शाम के गीत और मेहंदी की तैयारी। अभी तो मोहल्ले के घरों में बुलावा भी देने जाना था। शादी का घर, पर किसी को पड़ी ही नहीं थी। वही रात को देर से सोना और सुबह लेट उठना। अरे ये कोई समय है इस आरामतलबी का? पर किसको बोलें। मन में बुदबुदाते हुए उन्होंने आखिर आवाज़ लगा ही दी...

अरे ओ छोटी दुलहिन...

२

कहने को तो वह अकेली थी। ना कोई आगे ना पीछे। कब इस मोहल्ले में आ के बसी, किसी को पता नहीं। माँग में सिंदूर की पतली सी धार, माथे पे बिंदी और पैरों में पड़ी पायल उनके सौभाग्यवती होने का उचित सबूत पेश करते। पर पति के बारे में ना कोई जानता था, ना ही बुआ ने कभी ज़िक्र

किया।। अकेले ही, गली के पूरब वाले छोर में २ कोठरी के घर में रहती थी। आगे एक छोटा सा आहाता, या आंगन ही कह लो, जो मोहल्ले के अचार - पापड़ सुखाने का एक परमानेंट ठिकाना था। किनारे लगा एक आंवले का पेड़ और उसके नीचे हैंडपंप, इसी के सहारे मोहल्ले की औरतों की दोपहरी कटती। कभी भी चले जाओ, बुआ एक छोटे मचिये पर पेड़ से सहारे बैठे मिलती। रेडियो सुनते हुए। ना तो उनको कभी किसी ने सोते हुए ,देखा ना ही बीमार।

मोहल्ले के किसी घर में शादी हो, ब्याह हो, मरनी, जीनी, बुआ छाती फाड़ के काम करती, सउरि के १२ दिन की छूत हो या तेरहवीं का पालन, बुआ तो घर वालों से बढ़ कर नियम मानती। शादी में बन्ना- बन्नी गाना हो या हल्दी चढ़ाना हो, बुआ अपनी जिम्मेदारी समझती थी और बखूबी उसका निर्वाह करती थी । आजकल की नई बहुओं को आता ही क्या था। और बेचारी उनकी भी गलती नहीं है, उनकी माताओं ने कुछ सिखाया ही नहीं। यही सोच कर बुआ लग जाती, किसी के घर के कचौरी की गीली पिट्ठी को संभालने, तो कहीं फूले हुए गुलगुले बनाने। पराया पन तो था ही नहीं बुआ के अंदर।

३

ऐसा ही कुछ माहौल अभी का था। प्यारे लाल की छोटी बिटिया गुड्डो का ब्याह था। लड़का विलायत से पढ़ कर, मुंबई में नौकरी कर रहा था। पढ़े लिखे घर वाले थे। राज करेगी अपने घर में गुड्डो।

आवाज़ लगाते-लगाते बुआ रसोई घर में पहुँच गई। वहाँ प्यारे की दुलहिन डब्बों से घिरी हुई बैठी थी। जितना सामान उसके आस-पास बिखरा था, उससे ज्यादा चिंता उसके चेहरे पे बिखरी दिख रही थी मन ही मन बुदबुदा

रही थी "कुँआं पूजने की तैयारी, शाम को गाना बजाना और मेहंदी। बाप रे बाप मेहंदी! कुँवर सा के घर वाले भी आएंगे गुड्डो को मेहंदी चढ़ाने। उनके खाने का क्या? क्या सब्जी बनेगी? मिठाई का तो कुछ इंतज़ाम ही नहीं किया था।" । दुलारी के चेहरे पर चिंता गहरने लगी थी।

बुआ ने जैसे उसकी दुविधा भांप ली। बड़े आत्मीयता से बोली "दुलारी तुम जाओ, नाश्ता देखो और गुड्डो के श्रंगार संभालो। रसोई मैं देख लूंगी।" दुलारी के चेहरे से शिकन जाती रही। उसने कंधे से लटकते हुए पल्लू को माथे पे फेरा और इससे पहले की वह कुछ बोल पाती बुआ ही बोल पड़ी "और हाँ शाम को गुड्डो के ससुराल वालों के लिए क्या बनाना है? २ सूखी सब्जी, एक तरी वाली सब्जी, तरह की पूरी-कचोरी, चटनी, रायता कर देंगे। ठीक रहेगा ना दुलहिन?"

उसने दो पल के लिए सोचा और फिर बड़े धीरे से बोली, "बुआ आप सब अकेले कर लेंगी?" आवाज़ में चिंता थी या अविश्वास, बताना बड़ा मुश्किल था। फुल्ली बुआ ने भी बड़े जोश से सिर हिलाया, "4 ही तो मेहमान हैं। बाकी घरातियों का खाना तुम घर की औरतें कर लेना।"

दुलारी की तो जैसे पूरी चिंता जाती रही। पर माथे पे अविश्वास की नई लकीरें जन्म लेने लगी।

शाम के ४ बजने को थे। बुआ नहा धो कर रसोईघर में आ धमकी, मेहमानों का खाना बनाने। दुलारी को राहत भी लग रही थी और चिंता भी थी। उससे रहा न गया, धीरे से गुड्डो के पापा से बोल ही पड़ी,

"सुनो जी, ये फुल्ली बुआ खाना बराबर कर तो लेंगी?"

"क्यों भाई, वो विजय बाबू की बिटिया की सगाई का खाना याद नहीं?"

"वो तो ठीक है। अच्छा था, पर फिर भी...।" मन में तो चल रहा था कि शहर वाले हमारे समधी का क्या मुकाबला विजय बाबू के रिश्तेदारों से। वो तो खुद ठहरे गाँव के। अब उनके इनके स्वाद का कोई भला मेल है? पर दूसरा कोई उपाय भी ना था। और ऊपर से बुआ का खुद खाना बनाने का प्रस्ताव। यही सोच दुलारी चुप तो रही, पर मन में उधेड़बुन चालू थी। उसे से रहा नहीं गया और ३ - ४ चक्कर रसोई के लगा ही लिए, ये देखने कि खाने में कोई कमी ना रह गई हो। मिष्ठान के लिए बुआ दोपहर को आते वक्त बाज़ार से सीताफल ले आई थी, सीताफल बासुंदी बनाने के लिए। अरे समधी लोग आ रहे थे। खाना तो टॉप क्लास का होना चाहिए।

४

सब्जियाँ सब बन कर डोंगों में सज गई थी, पूरी का आटा लगाते हुए बुआ के कानों में ढोलक की आवाज़ पड़ रही थी। दुलारी ने गुड्डो को तैयार कर दिया था। वो गाने वाली औरतों के बीच बैठी हुई, हँसी ठिठोली कर रही थी। मेहमान भी आने वाले थे। दुलारी ने रसोई की तरफ कदम बढ़ाए। धीरे आवाज़ में बडी सहजता से बोली "सुबह से लगी हो बुआ, चलो थोड़ा आराम कर लो।" ये कहते हुए उसने एक-एक कर डोंगे के ढक्कन उठा कर, उड़ती नजरों से एक निरीक्षण किया और इससे पहले की बुआ कोई प्रतिरोध करती, दुलारी ने बोला, "आप मेहमानों की चिंता ना करो बुआ।" वो मिसराइन की छोटी बेटी लच्छमी, जो रसोई की चौखट पे खड़ी थी, की तरफ इशारा कर के बोली "ये गरमा गरम पूरियाँ निकाल देगी।"

उसे चिंता थी के कहीं मेहमानों के सामने बुआ से कुछ ऊँच नीच ना हो जाए। वो रसोई की कमान वापस अपने हाथ में लेना चाहती थी।

फुल्ली बुआ ने बड़े प्रेम से दुलारी की तरफ देखा और मुस्कुरा दी। बूआ को लगा, कितनी चिंता थी दुलारी को उनकी। बुआ ने एक गिलास में पानी भरा और बाहर को निकल पड़ी।

रसोई से लगे हुए दालान में बैठ कर, आँचल से मुँह पोंछा और पानी पीने लगी। इतने में लच्छमी ने आकर एक कटोरी बासुंदी उनके हाथों में थमा दी।

"दुलारी काकी ने बोला सुबह से काम कर-कर के थक गई होगी, थोड़ा कुछ पेट में डाल लो, मीठा है, थोड़ा सुकून मिलेगा।" ये कह कर वो लड़की वापस रसोई की तरफ भाग गई। फुल्ली बुआ को मेहमानों के पहले खाना ठीक ना लगा। और कटोरी ले कर रसोई की तरफ बढ़ चली।

"अरे दे आई ना वो कटोरी बासुंदी बुआ को? बड़ी आँख लगती है उनकी खाने में, सबके घरों में जा कर सबसे पहले रसोई में ही घुस जाती हैं। हाँ और सुन बाकी बचे खाने से थोड़ा-थोड़ा निकाल कर, मेहमानों के पहले, किसी जानवर को डाल दे। पराए के हाथ का खाना, पता नहीं कौन सा टोटका हो।"

बुआ की आँखों में आँसू छलक पड़े। सीताफल बासुंदी की सारी मिठास जाती रही।

रसगुल्ला

१

एक दिसंबर २३ की वो शाम। कुछ ज्यादा ही स्याह और ठंडी भी थी। कोहरा उस तंग गली में, बारिश में भीगे कुत्ते के बच्चों के जैसे चिपके हुए उन मकानों के बीच में से गिरता आ रहा था। रोड लाइट की रोशनी, मद्धम हो चुकी थी। संध्या के सिर्फ साढ़े सात ही बजे थे, लेकिन गुमनामी कुछ ज्यादा ही पसर गई थी। घरों के आहाटों में छोटे-छोटे CFL, घिरते कोहरे और अंधेरे से लड़ते हुए हार मानते से दिख रहे थे।

यूं तो ये गली, कस्बे के बाजार से लग के है, लेकिन जाड़ों के दिनों में बाजार भी जल्दी बंद होता है। लोग-बाग भी दुकान बढ़ा कर घर में कैद हो जाते हैं। बस वो पीले वाले घर के गुप्ता जी, और ५ नंबर वाले किशोरी बाबू और शायद एक्का-दुक्का लोग जो कस्बे से बाहर काम से गए थे, उनको छोड़कर सबके घरों के फाटक बंद हो चुके थे। ज्यादातर घरों की रसोई भी उठ चुकी थी और मालिक मकान रजाईयों में दुबके हुए TV देख रहे थे। शहर से अंतिम बस किसी भी मिनट आने वाली थी। शर्मा जी के घर में तो बस की आवाज़ सुनते ही उनकी बेटी चाय का पानी गैस **पर** रख देती। किशोरी बाबू ठहरे थोड़े नियम वाले । मजाल की बाहर से आक़र बिना

नहाए, जल भी ग्रहण कर लें। शीत लहरी हो या पाला पड़ रहा हो। स्नान के बाद ही कुछ खाते थे।

२

अचानक से २ बड़ी-बड़ी चमकती हेडलाइट्स की रोशनी, कोहरे को चीरने लगी, और बस अपने अंतिम पड़ाव पर ५ सवारियों को उतार के अपने गंतव्य की लिए रवाना हो गई। शर्मा जी के घर तो चाय का पानी उबाल भी लेने लगा था। उनकी बड़ी बेटी ने बड़े करीने से, चाय का प्याला ट्रे में सजाया। किशोरी बाबू भी अपने घर में दाखिल हो चुके थे।

कहानी का नायक विजय और नायिका श्री भी इसी गली के अंतिम छोर से २ मकान पहले की ऊपर वाली मंजिल में रहते थे। श्री ठहरी सुलक्षणा, घर में मानो लक्ष्मी का साक्षात वास था। विजय गांव के ही इंटर कॉलेज में क्लर्क था। छत पे बनी एक कोठरी और रसोई, इतना ही जीवन था उनका। कहने को कुछ भी ना था, और सब कुछ था।

कालेज से मिलने वाली तनख्वाह और अगाध दांपत्य प्रेम। जीवन सुखी था। श्री सर्दी में, दोपहर को धूप में बैठकर रंग-बिरंगे ऊन से, अपने सपनों की तरह स्वेटर बुनती तो पड़ोस वाली भाभियाँ जल जाती थीं। हाथों में इतनी सफाई की जैसा लगता, मशीन से उतारा हो। एक से एक नए डिज़ाइन। विजय भी इतरा-इतरा कर मोहल्ले के हर एक घर पे जाकर, एक निपुण सेल्समैन की तरह अपने पहने हुए स्वेटर का प्रदर्शन करते न थकता। आचार, पापड़, सिलाई-बुनाई, ऐसा कुछ सोच के भी याद नही आता जो काम श्री को ना आता हो।

महीने की हर १ तारीख को विजय शहर जाता। कालेज का पूरा ब्योरा-चिट्ठा लेकर। हाज़िरी का रजिस्टर, लैब और लाइब्रेरी का इंडेंट और कुछ सरकारी कागजात। डेढ़ घंटे का हिचकोले वाला सफर, पर वो जाता जरूर था। लंच में चुपचाप, धीरे से निकल, वो शहर की उसी गली में जा पहुंचता।वहाँ जाना उसे महंगा जरूर पड़ता, पर वो जाता जरूर था। महीने में ही बार तो मौका मिलता था उसे। बस एक बार। वैसे तो शहर आना ही नही होता था, सरकारी काम के अलावा । और अगर आना हुआ भी तो श्री अकेले कहाँ जाने देती, वो भी साथ आती थी. इसलिए वो लन्च्टाइम में सब की आँखों से बच कर, वहाँ जाता जरूर । बात पैसे की नहीं, प्रेम की थी।

३

उधर श्री सारा दिन उसका इंतजार करती और जैसे ही लास्ट बस की आवाज़ आती वो छज्जे की ओट से झाँकने लगती और उसके दिखते ही, झट से पीछे हो जाती, कि कहीं वो ना देख ले। पैर पीछे खींचते हुए, दौड़ के कोठरी में जा पहुंचती। विजय के कदम घर पे पड़े नहीं कि एक मधुर व्यंग का बाण उसके कानों में पड़ता "इतनी देर तक कौन सी नौकरी होती है? सही है, हमको यहाँ छोड़कर शहर घूमने का अच्छा बहाना मिला है बड़े साहब को। अगले बार मैं भी साथ चलूँगी, पहले ही कहे देती हूँ।”

आंखों के किनारे से देखते हुए, वो विजय को अपनी तरफ ही देखता पाती, तो झेंप जाती। झूठे गुस्से में मुंह फुला के, कभी तकिया पटाखती तो कभी चादर झाड़ती। विजय भी बिना कुछ बोले, बस झोला आगे कर देता। श्री को पता होता उसमें क्या है, पर फिर भी बड़े सलीके से आवाज में कौतूहल का पुट देते हुए बोलती "अब क्या उठा लाए?"। विजय कुछ भी ना बोलता।

बस मुस्कुरा देता। उसके होठों से फैलती हुई वो मुस्कान श्री के होठों तक पहुंच जाती। श्री "तुम्हें आज भी याद है?"। "हां क्यों नहीं? तुम्हें पसंद जो है।"

और ये बोलते-बोलते उसे शहर की वो गली याद आ जाती।

४

शर्मा जी चाय पीकर, कपड़े बदल रहे थे। किशोरी बाबू भी नहा चुके थे। धीरे-धीरे कदमों से बढ़ता हुआ विजय बस घर पहुंचा ही था। जेब से चाबी निकाली और दरवाजे से लटकते हुए ताले को एक जोरदार झटका दे कर खोला। देहलीज़ पर पैर अंदर रखकर, बत्ती के स्विच को दबाया तो अंधेरा और भी फैल गया। इस घर में अकेले रहते उसे २ वर्ष हो गए। १ तारीख़ को वो २५ बार ख़ाली घर में लौटा था। श्री जा चुकी थी। बड़ी चर्चा का विषय था, दोनों के बीच क्या हुआ। पर पता किसी को नहीं, शायद विजय को भी नहीं। श्री ने कुछ बोला नहीं, बस एक दिन चली गई। बड़े जतन किए विजय बाबू ने। मनुहार लगाई, माफी मांगी, नाते-रिश्तेदारों से खोज-खबर करवाई, पर जिसको जाना था वो चली गई।

सब बदल गया था, पर विजय ने शहर जाना नहीं छोड़ा। वो आज भी हर महीने की एक तारीख को काम से समय निकाल, सब से नजरें छुपा के, उसी गली में पहुंच जाता, उसी महंगी मिठाई की दुकान पर। कमाई का बहुत बड़ा हिस्सा खर्च कर, उस दुकान से रसगुल्ला लेने। इतने पैसों में शायद मोहल्ले वाली मिठाई की पूरी दुकान आ जाती। पर नहीं। बात पैसे की नहीं, प्रेम की थी।

अब तो स्वेटर का रंग भी उतर गया था, किनारे भी उधड़ रहे थे। एक कोठरी ही बड़ी लगती। खाली और सुनसान।

विजय ने हाथ बढ़ा के झोला टेबल पे रखा पंखे का बटन दबाया और बोला, "ले आया मैं रसमलाई, तुम्हें पसंद जो है।"

लिफाफा

यह ले। अब रख भी ले। चॉकलेट खा लेना लेकर। कहते हुए बुआ ने एक छोटा सा लिफाफा मेरे हाथ में थमा दिया। वैसे तो बुआ के पास कभी ज़्यादा पैसे तो होते नहीं थे, पर स्नेह अपार था। आज भी बुआ ने अपनी ग़रीबी को उस लिफाफे में डाल कर अपने प्यार से छिपा दिया।

गर्मी की छुट्टी ख़त्म होने का दुःख या उस लिफाफे में से निकले २० रुपये के नोट की ख़ुशी, पता नहीं दोनों में से ज़्यादा क्या था। पर वो लिफाफा आज भी याद है मुझे। यह शायद लिफाफों के सिलसिलेवार यादों में, किसी लिफाफे की मेरी पहली याद थी। वो दिन था और आज का दिन, न जाने कितने लिफाफे देखे होंगे जीवन में। घर से स्कूल तक और फिर वहाँ से कार्यालय तक। लिफाफों की भरमार थी ज़िन्दगी में।

ये लिफ़ाफ़े भी बड़ी अजीब चीज़ है। मम्मी का संदूक, पीले पड़ चुके पुराने लिफाफों के कई बंडलों से आधा भरा था। पापा के पहले इंटरव्यू की चिट्ठी वाला लिफाफा उनके खुद की शादी की फोटो वाला लिफाफा, छुटकी के दूल्हे की कुंडली वाला लिफाफा, नानी का भेजा हुआ लिफाफा और ना जाने कितने ही अनगिनत लिफाफे छोटे - छोटे बंडलों में बंधे हुए, बड़े ही तरीके से सन्दूक में सजे हुए थे । उनकी मानो पूरी ज़िन्दगी ही लिफाफों में बड़े करीने से सहेज कर रखी हुई थी। हर रंग के, हर आकार के, हर साल के लिफाफे। अकेली होती तो खोल लेती थी उस बंडल को और उन

लिफाफों से निकल खुशियाँ ,उनकी आँखें भिगो देती। इतने सालों तक मैं समझ ही नहीं पाया था, कि उन बिखरते कागज़ के टुकड़ों में कौन सा संसार संजोये बैठी थी मम्मी?

पर आज समझ में आया।

वो जा चुका था, यादें छोड़कर। आज एक पुरानी किताब के पन्ने पलटते-पलटते अचानक से एक चिट्ठी पर नज़र पड़ी। हल्के पीले रंग के उस पेपर के टुकड़े पर प्यार का इज़हार था, उसके खुद के हाथ से लिखा हुआ। सारे व्हाट्सऐप चैट उन २ लाइनों के आगे बेमानी से लगने लगे। पर मम्मी की तरह मैं उसे खोल के पढ नहीं पाया। इतना साहस नहीं था मेरे अंदर। सोचा एक लिफाफे में रख कर लौटा दूँ उस चिट्ठी को। उसके इस प्यार को,जो रहा ही नहीं अब।

पर मेरा दर्द रख सकूँ जिसमें, ऐसा कोई लिफाफा बना ही नहीं था।

सागर और नदी

वो दोनों अलग थे, बिलकुल अलग। वो पहाड़ी नदी, चंचला। वो सागर, शांत। वो बहती, कल कल कर, छोटी छोटी लहरों के साथ। वो ज्वार से किनारों को भिगो देता। उसमें शैशव था। उसके सीने में तूफान छुपा था।

वो बहती, बेखबर। छोटे छोटे बरसाती नालों से मिलने को बेताब। वो मिलना, उसमें एक उमंग भरता, उन बरसाती झरनों का जल उसे ऊर्जा देता, वो हिलोरें मारती और वेग से आगे बढ़ती। वो किनारों में बंध कर भी स्वतंत्र थी, किसी भी दिशा में बहने के लिए। उसे बंधन पसंद न था। वो अविरल बहना चाहती थी। पर शायद वो अपने इस सोच की ही अधीन थी। उसकी दिशा वो खुद नहीं, अपितु रास्ते में आने वाले, बड़े, अचल पाषाण खंड तय करते थे। वो तो बस मजबूर थी उनकी आज्ञा पालन को, बिना इस बात को समझे, कि उसकी नियति ही बहना है, किनारों में बंधे हुए। वो इस बहाव को ही अपनी निश्चिन्तता समझते हुए खुश थी। अनजान थी।

सागर अनंत था, उसका कोई छोर न था पर वो बंधा हुआ था। बंधा था, न बहने के लिए, बंधा था अपने असीमित फैलाव में। उसकी लहरें छोटी नहीं, प्रचंड थी। उसमें वेग नहीं, आक्रोश था। उसके स्थिर होने से ही जीवन की उत्पत्ति थी, वो हिलता भी तो प्रलय की आशंका उठती। नदी का बहना उसकी मजबूरी थी, उसकी गति में एक उन्माद था, एक अभिमान। वो अगर रुक जाती तो कीचड़ बन जाती। पर सागर गहरा था, गंभीर था।

वो जन्मी ही थी, एक लंबा रास्ता तय कर, सागर का आलिंगन करने के लिए। उसमें विलीन होने के लिए। परंतु वो मिलना नहीं चाहती थी सागर से। वो बंधना नहीं चाहती थी। वो खुश थी, उन छोटे छोटे बरसाती झरनों से लिपट के। उनके आलिंगन में उसे असीम सुख मिलता। वो एक दर एक उन्हें चूमते हुए आगे बढ़ जाती, नित नई कुलांचे भरती, नई धाराओं से मिलने।

सागर इंतजार करता, उसके आने का। अपनी लहरों से शोर करता, उसे दिशा बताने को। पर सागर का खारापन, उसे खटकता। वो तो मीठे पानी का स्रोत थी। बस इसी उमंग में, एक बरसात का मौसम, एक नई धारा का आलिंगन, वो उन्माद से भरा तेज बहाव। किनारे भी बांध न सके उसे। और वो सदा के लिए पथभ्रष्ट हो गई। खो गई किसी मरु में। आज न वो बरसात है, न ही वो धाराएं। वो सूखती जा रही है, उस मरु में अकेले। वो तड़प रही है, उस दिशा में जाने के लिए, जहां आज भी सागर, चट्टान पे अपना सिर पटक कर उसके आने का इंतजार कर रहा है।

एक्सट्रीम लेवल का

१

नित्य की तरह, आज भी बाबा अपने स्थान पर ही थे। नये पुल के पास वाले मोड़ के किनारे पर लगे पीपल के पेड़ के नीचे। रिवर व्यू सोसाइटी के मेन गेट के ठीक बगल में। एक राम नामी जो उनके जर्जर उपरी शरीर को ढकती थी, और एक भगवा अंगोछा जो कि कमर से बंधा हुआ, उनके घुटनों तक ही पहुँच पाता। सांसारिक विलास के नाम पर, उन कपड़ों के अलावा एक हवाई चप्पल, एक पुराना काले रंग का छाता और एक स्टील की थाली और एक गिलास, गले में पड़ी हुई २-३ रुद्राक्ष की माला। बस और कुछ नहीं था।

अंग्रेजी बाबा के नाम से मशहूर पिछले ८-१० वर्षों से वो यही बैठा करते। शुरू में कुछ बोलते भी थे, पर पिछले ५ एक साल से बाबा ने एक शब्द भी न बोला होगा। लोगों ने उनको कभी कभार किताबें पढ़ते देखा होगा, तो नाम रख दिया किताब वाले बाबा, किताब अंग्रेजी की रही होंगी, तो किसी ने अंग्रेजी बाबा बोल दिया और फिर उसी नाम से मशहूर हो गए। ना किसी से बोलना, ना पूछना, ना कोई बात चीत। वो रोज सुबह आते और रात को चले जाते। ना जाने कहाँ से आते थे और कहाँ जाते थे। कुछ पता नहीं। कोई कुछ खाने का सामान या पुराने कपड़े दे जाता तो ले लेते,

पर दिए हुए पैसे को हाथ भी ना लगाते। क्या थी उनकी कहानी? पता नही।

२

जो भी थी, पर ये कहानी आज नहीं, १२ साल पहले शुरू हुई थी। कॉलेज में विजिटिंग फैकल्टी था राजेश जब उसे रोशनी से प्यार हो गया था। नहीं नहीं ऐसा नहीं कि प्यार उसे ही हुआ था। रोशनी को भी उससे प्यार हुआ। रोशनी फाइनल ईयर की स्टूडेंट थी और राजेश बस इस सेमेस्टर में इकोनॉमिक्स के लिए विजिटिंग फैकल्टी अपॉइंट हुआ था।

६ महीने कैसे बीते पता ही नहीं चला। कॉलेज के बाद भी मिलना जुलना चालू रहा। रोशनी ने जॉब जॉइन कर ली। राजेश भी अपनी नौकरी में बिज़ी था, पर वो एक दूसरे के लिए समय निकाल लेते थे। जीवन बड़े ही प्यार से कट रहा था। दोनों को साथ-साथ २ साल हो गए थे। आगे के जीवन के बारे में भी सोचना शुरू कर दिया था उन्होंने। बड़ा सुखी बंधन था। बस कुछ महीने और, राजेश का प्रमोशन होने वाला था, बस तभी सही समय देखकर घरवालों से भी बात कर लेंगे। दोनों की कुछ सेविंग्स भी थीं, एक घर भी बुक करने का सोच रखा था उन्होंने। जीवन अच्छा चल रहा था। राजेश को दो हफ्तों के लिए, बाहर जाना था। कंपनी के काम से। जाने से पहले की शाम को डिनर और मूवी का प्लान बना। मूवी खत्म होते-होते रात के सवा बारह हो गए थे। राजेश ने पार्किंग से बाइक निकाली।

"बैठिए मैडम। अब तो १५ दिन बाद ही दीदार होगा आपका।"

"आप बैठ के मुझे देखिए, बाइक आज मैं चलाऊँगी।"

"अरे नहीं बाबा। इतना रिस्क मैं शादी से पहले नहीं ले सकता। और मेरे तो इंश्योरेंस भी नहीं है..." कह कर राजेश ज़ोर से हंस पड़ा।

रोशनी ने गुस्से से मुंह फुलाते हुए बोला "मतलब मैं इतनी गंदी गाड़ी चलाती हूँ? आज तो गाड़ी मैं ही चला कर ले जाऊंगी, वरना बैठो इसी पार्किंग लॉट में रात भर।"

"आपके साथ तो पार्किंग लॉट क्या हम, जहन्नुम में भी खुशी-खुशी लाइफ बिता लेंगे।" कह कर राजेश एक बार फिर हंस पड़ा।

रोशनी ने भी झूठा गुस्सा होने का नाटक किया। और राजेश के हाथ से बाइक की चाबी ले ली। राजेश पीछे बैठ गया। रोशनी ने बाइक स्टार्ट की।

३

रात की ठंडी हवा या प्यार का सुरूर, ना जाने क्या चढ़ा था दोनों पे। आधे शहर को पार कर के, नदी पे बने नये पुल की तरफ दौड़ी जा रही थी बाइक। रिहायशी इलाका काफी पीछे छूट गया था। कुछ नये मल्टी स्टोरी कंस्ट्रक्शन को छोड़ कर, ये इलाका सुनसान ही था। रोशनी यही घर लेना चाहती थी। वो बोलती "हायर फ्लोर का फ्लैट लेंगे। अपनी बालकनी से नदी दिखेगी। वाह क्या व्यू होगा।" और बोलते-बोलते वो जैसे सच में उस व्यू में खो जाती। आगे से लेफ्ट और नया पुल शुरू हो जाता था। स्पीड कोई ज्यादा नहीं थी, पर शायद मोड़ पर सड़क समतल ना थी। सड़क खाली थी तो रोशनी ने मोड़ पर भी रफ्तार धीमी नही की, और बस एक झटके के साथ बाइक लहराकर हवा में उछल गई। दोनों सवार अलग-अलग दिशा में छिटक गए।

जब होश आया तो राजेश ने अपने आप को एक अस्पताल में पाया। सिर पर ज्यादा चोट आई थी। काफी खून बह गया था। दोनों सड़क के किनारे पड़े रहे। शायद २ या ३ घंटे तक या उससे भी ज्यादा। वो तो एक भले टैक्सी वाले ने उनको देखा और थाने में खबर की। राजेश बोलने में असमर्थ था, इशारे से उसने रोशनी के बारे में पूछना चाहा तो कोई जवाब नही मिला । कुछ ५ दिन बाद जब राजेश बोलने की हालत में हुआ तो उसको बिना पूछे ही उसके सवालों का जवाब मिल गया। इतनी रात को पराये मर्द के साथ शहर के बाहर इतने सुनसान में..... बदनामी के डर से रोशनी के घरवालों ने उसे दूसरे शहर भेज दिया था, किसी रिश्तेदार के पास। राजेश ने इंतजार किया, रोशनी के कॉल और मैसेज का, पर कुछ नहीं आया। शायद समाज के डर से रोशनी ने उसे भुला दिया। राजेश को याद आता, वो जब भी रोशनी से पूछता था, कितना प्यार करती हो मुझे, तो वो आंखें बंद कर के बोलती, "एक्सट्रीम लेवल का"। राजेश उसे अपनी बाहों में भर लेता था ।

४

वो दिन था और आज का दिन, १५ सालों में शहर का वो इलाका बस गया था। काफी पॉश और प्लांड तरीके से बसाया गया था। ऊंची-ऊंची इमारतें और बड़े-बड़े बालकनी वाले घर। रिवर व्यू सोसाइटी की वो रोड टर्न कर के नये पुल को जाती, जहां रोज वो अंग्रेजी बाबा बैठा करते थे। वो आज भी वहीं थे। जैसे बंधे हो उस मोड़ से। इधर ३ दिनों से किसी नये साहब का सामान आ रहा था। साहब खुद आ कर २ -३ बार निरीक्षण कर चुके थे फ्लैट का। उनहोने शायद बलकोनी से अंग्रेजी बाबा को भी देख लिया था । बाबा हमेशा की तरह आस पास के क्रियालाप से बिना

विचलित हुए बैठे थे। सुबह से ४ बड़ी-बड़ी लॉरी में भर कर फर्निचर आ चुका था। आज मालकिन ख़ुद आने वाली थी, घर का "Interiors" देखेने।

तभी एक बड़ी गाड़ी गेट पर आ के रुकी। अचानक से बाबा की नजर गाड़ी में बैठी महिला पर पड़ी। उनके होंठ बुदबुदाए- रू.... स्स. रोशनी। वो उठ खड़े हुए। बंधन टूट चुका था। बाबा ने फिर कुछ बोलने की कोशिश भी ना की, ना ही उस कार की तरफ दोबारा देखा। उनके कदम नये पुल की तरफ बढ़ चले। उनको रोशनी की आवाज सुनाई दी। आज वो उनसे पूछ रही थी, कितना प्यार करते हो मुझसे....

"एक्सट्रीम लेवल का", ये कहते हुए, बाबा ने पुल के ऊपर से नदी में छलांग लगा दी।

डेटिंग ऐप

BF कॉन्टैक्ट्स से सर्च कर कॉल का बटsन दबाया। कॉल कनेक्ट हुई तो सामने से आवाज आई, "हेलो... आई लव यू।"

बड़े इत्मिनान से उसने भी जवाब दिया, "आई लव यू टू। बहुत प्यार करता हूं तुमसे।"

"झूठे।"

"मैं तुमसे कभी झूठ नहीं बोलता।"

"ओके बाबा... अच्छा सुनो ना।"

"बोलो।"

"आज मिलोगे क्या? काफी दिन हो गए, मिस कर रहा हूं।"

"यार, बिल्कुल भी टाइम नहीं है। और तबियत भी थोड़ी ठीक नहीं लग रही।"

"मैं आऊं क्या मिलने? कॉफी पीने किधर चलेंगे?"

"नहीं, मैं घर से नहीं निकल सकता।"

"सब ठीक तो है ना? VC करूं क्या?"

"यस, ऑल ओके। जस्ट टायर्ड, आराम करने का टाइम ही नहीं मिला। अब बस फोन बंद करके 3-4 घंटे सोऊंगा। बाद में कॉल करता हूं। बाय।"

"Hmmm...इसके पहले वो ओके बाय बोल पता, कल कट हो गई थी।"

उसने मोबाइल को कान से हटाया, और एक पिन डाला। अगले 10-12 मिनट तक कुछ स्वाइप्स राइट तो कुछ लेफ्ट करी। चैटिंग चालू थी कि अचानक से वापिस फोन बजा। R कॉलिंग। उसने कॉल कट किया। इसके पहले दूसरा कॉल आए, जल्दी में टाइप लिया, "बोला ना टायर्ड। थोड़ा पेशेंस रखा करो। TTYL" यह कहते हुए उसने वापिस से फोन कट किया।

तभी ऐप पर एक नए मैसेज का नोटिफिकेशन आया। टिंडर पर वापिस से लॉगिन किया। अगले कुछ मिनटों में कुछ मैसेजेस और एक्सचेंज हुए। उसने आवाज लगा के बोला, "मम्मी मुझे बाहर जाना है। कुछ जरूरी काम है।" उसने एक नई टी-शर्ट डाली, फोन को साइलेंट मोड पे किया और ऐप पर आई हुई लोकेशन पर जाने के लिए निकल पड़ा।

चॉल वाली बाई।

हाथों में हरे काँच की चूड़ियाँ, कमर में फेटा देकर बाँधी साड़ी, माथे पर एक बड़ी सी मेहरून रंग की बिंदी और गले में लटकता एक काले मोती का मंगलसूत्र। यही रूप था शकुंतला ताई का।

चॉल के दूसरे माले पर नंबर की खोली में रहती थी ताई। पति दूसरे शहर में किसी पर-स्त्री के साथ रहते थे। शादी के ३ -४ साल बाद से ही आना-जाना भी बंद था। एक बेटा और बहू, वो भी शादी के कुछ ही दिनों में अलग हो गए। चॉल की औरतों में यही कानाफूसी थी कि ताई बहुत तेज ज़बान की है, हालाँकि कभी किसी ने उन्हे ऊँची आवाज़ में बात करते नहीं सुना। पर करती भी क्यों? बड़ी चालाक जो थी। सबके सामने ऐसी मीठी बनती कि जैसे उनसे कोई गलती हो ही नहीं सकती। पर चॉल की औरतों से भला कुछ छुपने वाला था? उन्हें तो जो हुआ भी न हो, उसकी भी ख़बर हो जाती है ।

इन सब बातों से बेखबर, ताई सुबह निकल जाती। स्टेशन के पास एक छोटा सा घर गुती का गाला था, वहीं काम करती थी ताई। सुबह से शाम तक। गुज़ारा आसान तो नहीं, पर मुश्किल भी न था। दो लोगों की गृहस्थी, बप्पा की कृपा से अच्छे से चल जाती। दो जून की रोटी ईमानदारी से कमा रही थी ताई। बाबू पढ़ने में होशियार था। सोचती, जल्दी ही नौकरी लग जाएगी तो सब ठीक हो जाएगा। धीरे-धीरे समय बढ़ता गया। पुरानी छोटी-

छोटी इमारतों की जगह ऊँची बिल्डिंग्स ने ले ली। पुनर्विकास में उनका गाला भी गया था। अब ताई पिछले १५ साल से नई बिल्डिंग के ४५ वें माले पर काम कर रही थी। साहब की उम्रदराज़ मम्मी थीं। बस उन्हीं का ख्याल रखना होता। झाड़ू-कटका और बर्तन वाली बाई अलग थी। माजी का खाना ताई ही बनाती थी। ताई दिन की चार रोटी सेकती, तो उसमें से भी दो बच जातीं। माजी खाती ही नहीं थीं कुछ। और जो भी खातीं, तो बस ताई के हाथ का।

अब ताई भी 58 की हो चुकी थी। बैठने-उठने में थोड़ी तकलीफ होने लगी थी। नई नौकरी लगने के बाद बेटे ने कई बार कहा, "छोड़ दो, क्या दूसरे के घर में नौकरी करती हो?"

"अरे बड़े साहब पराए नहीं हैं, माँ की तरह ही मानते हैं मुझे। तेरे कॉलेज के एडमिशन के टाइम फीस उन्होंने ही दी थी। अब वो आधा समय तो बाहर गाँव रहते हैं, पूरा घर और माजी को मेरे पर छोड़ रखा है।"

"कोई भरोसा-वरोसा नहीं, इतने कम पैसों में फुल-डे कौन मिलेगा उनको," बेटे ने भी प्रतिकार में जवाब दिया था। "तुझे तो सब पैसे ही लगते हैं। कुछ इंसानियत भी होती है।"

"वैसे भी तू तो पूरा दिन ऑफिस में रहता है, घर पर अकेले करूँगी क्या?"

"बहू ले आ, मैं भी काम छोड़ के आराम करूँगी।" बस यही हँसी-मजाक चलता था माँ-बेटे में। साहब की सिफारिश से, ताई के बेटे की नौकरी भी लग गई।

एक दिन ताई की प्रार्थना ईश्वर ने सुन ही ली। बेटे ने अपने ही ऑफिस में काम करने वाली एक सहकर्मी से लव मैरिज कर ली। ताई ने भी दोनों का खुशी से स्वागत किया था। पर सुख शायद उनके नसीब में था ही नहीं। बहू

को चॉल का घर और सासू माँ का काम वाली बाई होना खटकता था। कुछ ही महीनों में वो अलग हो गई। पढ़ी-लिखी बहु की गलती उसके फर्राटेदार अंग्रेजी के पीछे छिप गई सब को यही लगता, गलती ताई की ही होगी, नहीं तो ऐसे कोई जाता है अपनी माँ को छोड़ कर?बहु भी पढ़ी लिखी अच्छे घर की लड़की थी, पर ताई को न उनका पति संभाल पाया ना ही उनके बेटा बहु।

पर गलती किसी की भी हो, अकेली शकुंतला ताई ही रह जाती हर बार। ना उन्होंने कभी अपनी किस्मत को कोसा, ना ही जाने वालों को। जो भी हुआ, उसे नियति मानकर ताई हमेशा खुश ही रही। कभी किसी के आगे हाथ नहीं फैलाया। पड़ोस की जो महिलाएँ ताई को उनके पीछे कोसतीं, उनके सामने बड़ी मीठी बनतीं। बनती भी क्यों ना, आधी चॉल में किसी के घर कभी आधा कटोरी शक्कर, तो कभी तेल, तो कभी कुछ और, ताई के घर से उधार की तरह जाता जो कभी आता भी नहीं। दुनिया में अपना कहने वाले उनके यही तो थे। ख़ैर...

दो महीने पहले माजी का देहांत हो गया था। साहब घर किराए पर चढ़ाकर, बेंगलुरु चले गए। जाते-जाते साहब ने ताई के हाथ में पैसे रखे और कहा, "कभी भी ज़रूरत हो तो , फोन कर देना ताई।"

“साहब, इतने साल तो आपने ही किया। आपके कारण ही आज बाबू की नौकरी लगी है। कोई कमी नहीं है साहब।"सोचा, इतनी बड़ी बिल्डिंग है , कोई न कोई काम तो मिल ही जाएगा। पर पकती हुई उम्र और झुकी कमर, नया काम नहीं मिला। घर कैसे चलेगा, इसी उधेड़बुन में रहती ताई।

शाम के ६ बजने को थे। ताई ने संदूक खोला और एक पुरानी पोटली से आख़िरी बचा हुआ १00 रुपये का नोट निकाला। घर में कुछ राशन न था।

नीचे जाकर आटा-दाल लानी थी। सुबह की १ रोटी भी पड़ी थी। उसे निकाला और एक कागज़ में लपेटा। सोचा, रास्ते में गाय को डाल देंगी। एक पल को चिंता होती कि कैसे होगा इंतज़ाम, दूसरे ही पल लगता, जैसे अब तक दिया है बप्पा ने, वैसे ही आगे भी देगा। बाल ठीक करके, चप्पल पहनी ही थी कि बाबू आ गया। हाथ में एक मिठाई का डब्बा लिए। पता तो था उसे माजी के सिधारने का। पर न उसने बात छेड़ी, न ही ताई ने बात निकाली। "माँ, थोड़ा ऑफिस का काम ज़्यादा है, जल्दी निकलूँगा।"

ताई चाहकर भी चाय के लिए न पूछ सकी। अंदर तक कलेजा फटा जा रहा था। लड़का इतने दिनों बाद घर आया, मुँह मीठा कराने के लिए शक्कर भी नहीं थी। एक पल सोचा और पल्लू से बँधा १00 का नोट निकालकर उसे थमा दिया। "जाते समय घर के लिए फल ले लेना। बोलकर आता तो मैं कुछ खाने के लिए बनाती। इतनी जल्दी है तुझे और इस बुढ़ापे में मेरे हाथ-पैर जल्दी नहीं चलते हैं।"

“आगे से आना तो बहु को ले कर आना और पहले बात कर आना खाना बना कर रखूंगी।"

१ ५ मिनट बैठकर बाबू चला गया। ताई ने वापस चप्पल निकाली। कागज़ खोलकर सुबह की बची रोटी पर अचार के डिब्बे से मसाला लगाया और खाने बैठ गई।

चर्चगेट फ़ास्ट

दौड़ते-दौड़ते बस वो ट्रेन चढ़ा ही था, कि ट्रेन चल पड़ी। बैग में रखा हुआ एक हुक निकाल कर, उसने बैग और हुक दोनों अपने सहयात्री को थमा दिया। हुक के सहारे बैग लटक चुका था, उसने इत्मिनान की सांस ली और दोनों हाथों से हैंडल को पकड़ा और बदन को, एक केंचुली से बाहर आते साँप की तरह मचलाया। कोशिश थी कि इंसानों के बीच बची तंग जगह में अपने आपको फिट करने की। कोशिश थोड़ी कामयाब भी हुई।

ट्रेन आज कुछ ज़्यादा ही भरी हुई थी, पर उसे ये रोज़ ही प्रतीत होता था। खैर खचाखच भरी ट्रेन ने रफ्तार पकड़ ली थी और साथ ही शुरू हुई तमाम विषयों पर चर्चा। विंडो सीट पर बैठे हुए अंकल ने हाथ जोड़कर हनुमान चालीसा आरंभ की, तो पीछे की तरफ खड़े लोगों ने भी साथ दिया। प्रार्थना की रफ्तार और आवाज़ दोनों बढ़ी पर ट्रेन ने गति धीमी कर अगले स्टेशन पर रुकने का संकेत दिया। कुछ जाने-पहचाने, कुछ नए लोग प्लेटफॉर्म से ट्रेन में चढ़ने का प्रयास करने लगे। गेट पर आगे की तरफ खड़े नवयुवक ने नीचे उतरकर "ग्रुप वालों" को डिब्बे में चढ़ने की जगह दी, तो कुछ नए आगंतुकों ने रोष प्रकट किया, पर ना ही कुछ कहने-सुनने का समय और ना ही जगह। लोकल फिर चल दी। हनुमान चालीसा के पाठ ने ज़ोर पकड़ा और बोरिवली आते-आते "सिया-वर रामचंद्र की जय" के उद्घोष के साथ समाप्त हुआ।

बोरिवली पर नया घमासान। लोकल में विराजमान यात्रियों ने प्लेटफार्म पर खड़े लोगों को, बोरिवली लोकल लेने की हिदायत दी इसके बावजूद कुछ ज़बरदस्त सवारियाँ रेलापेली कर डब्बे में चढ़ ही गयी । अंदर आने के बाद, उन्होंने ये स्पष्ट करना अपने फ़र्ज़ समझा कि ये ट्रेन किसी के बाप की नहीं है। ट्रेन के रफ्तार पकड़ते ही, वैचारिक चर्चाओं ने भी ज़ोर पकड़ लिया। विंडो वाले अंकल सोने का प्रयोजन करने लगे। बगल बैठे सहयात्री ने चुटकी ली, "घर में नींद नहीं आती"? तो विंडो वाले अंकल ने इग्नोर किया। पॉलिटिक्स, फिल्म, क्रिकेट, और ना जाने क्या-क्या चर्चा का विषय था। २-४ शेयर बाज़ार की टिप्स भी बड़े एहतियात से दी गई। तभी अचानक, मुकेश ने बोला "अरे आज विजय नहीं चढ़ा लगता है मीरा रोड से!"

पंकज ने हाँ में सिर हिलाया और जोड़ा "पर वो पिछले दो दिन से नहीं आ रहा है ।"

विजय अब नई चर्चा का विषय बन गया था। अटकलें। लोकल की रफ्तार भी बढ़ गई थी। सरपट भागती लोकल स्लो स्टेशनों को पीछे छोड़ते हुए, तेजी से अंधेरी की तरफ बढ़ रही थी। चर्चा गरम थी। क्या हुआ होगा विजय को। 7.42 के व्हाट्सऐप ग्रुप में भी नहीं था। हितेश ने तो कोशिश भी की कॉल लगाने की। परंतु कॉल लगा ही नहीं। शायद कुछ इमरजेंसी हुई होगी। किसी को कुछ पता नहीं।

"अभी कुछ दिन पहले ही तो गोवा गया था, फैमिली के साथ, देखो" और ये बोलते हुए मुकेश ने उसकी इंस्टा प्रोफाइल पर क्लिक कर मोबाइल आगे बढ़ा दिया। दूसरी सीट पर बैठे हुए किशोर जी ने बड़े चाव से उसका मोबाइल लिया और स्क्रॉल करने लगे।

"काफ़ी मोटा लग रहा है विजय। गोवा में लगता है खूब मस्ती की ।"

"अरे वो तो यहाँ भी लगभग रोज़ ही पीता था। तबियत भी कुछ दिनों से खराब थी उसकी। चेंज के लिए ही गोवा गया था।"

"पिछले 3-4 महीने से ऑफिस में भी कुछ प्रॉब्लम चल रही थी।"

अंकल ने मोबाइल वापस मुकेश को थमा दिया। "साउथ गोवा गया है।"

कुछ और बातें और अब वार्तालाप की दिशा, विजय से भटककर गोवा, दारू, इत्यादि की तरफ बढ़ गई। विजय तो पीछे छूट गया, वैसे ही जैसे सरपट भागती लोकल ने सांताक्रूज़ और खार रोड को पीछे छोड़ दिया। बांद्रा आ ही गया। कुछ लोग उठे, सीट खाली हुई। नए लोग उन रिक्त जगहों पर विराजमान हुए। और वार्तालाप, गाड़ी की तरह आगे बढ़ गया, दादर, मुंबई सेंट्रल भी गया, लोकल का कंपार्टमेंट खाली हो चला था। बातें भी बस आधी-अधूरी हो रही थीं।

उसकी विजय से अच्छी बनती थी। गोवा से "दो बोतल" उसने मंगाई भी थी विजय से। उसने पिछले हफ्ते कॉल करने की कोशिश की थी, लेकिन फोन उठा नहीं। कोई ३-४ दिन पहले विजय का मिस्ड कॉल भी आया था। कुछ काम में था वो, कॉल बैक करना भूल गया। सोचा अभी ट्रेन से उतर कर कॉल करेगा।

ट्रेन अब चर्चगेट के बाहर रुकी हुई थी। उसने घड़ी देखी, "अलरेडी" 8:56 हो चुके थे। ट्रेन लेट थी। प्लेटफार्म पे लगते-लगते 9:04 हो गए। लोकल से उतरे हुए सैलाब में एक वो भी था। अंगिनत लोगों के बीच, उसी दिशा में बढ़ते हुए, भागते हुए। कॉल करना वो आज भी भूल गया। ऑफिस पहुंच के याद आया। फिर सोचा कल शनिवार है, आराम से कॉल करके बात करेगा। पर उसे क्या पता अब बहुत देर हो चुकी थी।

वो परसों विजय का भाई कॉल कर रहा था बताने के लिए कि "भैया अब नहीं रहे।"

सिरियसली

१

होटल के लॉबी में आते ही विजय को अच्छा महसूस हुआ। हवा में लक्ज़री की महक थी। अंदर का ठंडा वातावरण, बाहर की चिपचिपी गर्मी से राहत देने लगा। बड़े-बड़े ताजे फूलों के गुलदस्ते, सफेद कलफ लगी वर्दी में घूमते स्टाफ, रेशमी साड़ी में सजी हुई होस्टेस, जन्नत से कम नहीं होती पाँच सितारा होटल की लॉबी। वह लॉबी में लगे सोफे पर जा बैठा। घड़ी में 6:15 हो चुके थे। 6:30 बजे का अपॉइंटमेंट था। समय काटने के लिए मोबाइल निकाला तो देखा कि दो मिस्ड कॉल्स थीं। उसने वापस कॉल करना उचित न समझा।

ठीक 6:30 बजे सूरज ने होटल की लॉबी में प्रवेश किया। वह लिफ्ट से निकलकर, लॉबी का मुआयना करने लगा, कि तभी उसकी नज़र साइड में बैठे विजय पर पड़ी। वह तेज़ कदमों से बढ़ते हुए, उसके पास जा पहुँचा।

"हैलो विजय" सूरज ने अपनी मधुर और सधी हुई आवाज़ में कहा। विजय ने सिर ऊपर उठाकर देखा तो, सामने नीले सूट में सूरज था। गले में एक पतली गुलाबी नेकटाई, सीधे हाथ में एक महंगी घड़ी, और कोट की पॉकेट से झाँकता हुआ एक सुनहरा पेन। बाल थोड़े बड़े लग रहे थे सिर के इस

बार। दाहिने कान में छोटे हीरे का स्टड और सीधे हाथ में एक लेदर बैग। सूरज सर बिल्कुल नहीं बदले थे। वही चेहरा। वही रंग और वही अल्हड़पन।

कोई तीन साल पहले मिला था विजय उनसे। सर के पापा बड़े इंडस्ट्रियलिस्ट थे। इस शहर में दो कारखाने थे उनके। उम्र के साथ पिताजी ने बिज़नेस से दूरी बनानी शुरू कर दी। सर उनकी इकलौती संतान थे। लंदन से पढ़ाई करने के बाद, सर ने पापा के बिज़नेस में हाथ बँटाना शुरू किया। बिगिनर्स लक कहिए या सर की कुशलता, देखते ही देखते बिज़नेस काफी बड़ा हो गया। पिछले दो सालों में चार नए शहरों में "मैन्युफैक्चरिंग यूनिट" लग चुके थे। इसी सिलसिले में सर का आना-जाना लगा रहता था इस शहर में। ऐसी ही एक "बिज़नेस विजिट" के दौरान, विजय की मुलाक़ात सर से हुई। वह उस समय एक इवेंट मैनेजमेंट एजेंसी में काम करता था। मैनेजर की तरह। फैक्ट्री की ओपनिंग थी और उसकी एजेंसी ही पूरा काम देख रही थी। लोकल सेलिब्रिटीज़, मीडिया और प्रेस, सबको मैनेज करना था। काफी करीब से काम करना पड़ा उसे सर के साथ। सर की कार ड्राइव करने से लेकर उनके प्रेस रिलीज़ तक, सब विजय ने ही मैनेज किया। काम के सिलसिले में कब ये दूरियाँ कम हो गईं, पता ही नहीं चला। अब जब भी सर आते, तो विजय से ज़रूर मिलते थे। कुछ खास ज।नता नही था विजय सर की पर्सनल लाइफ के बारे में, न ही उसने कभी जानने में दिलचपी दिखाई । जब भी सर आने वाले होते तो वो उसको मैसेज कर देते।

"हैलो" सूरज की आवाज़ से विजय की सोच का सिलसिला टूटा। सूरज मेन गेट की तरफ़ बढ़ रहा था, विजय बिना कुछ बोले, उनके पीछे चल पड़ा।

२

कोई 8:30 बज रहे होंगे, जब विजय और सूरज ने होटल की लॉबी में वापस प्रवेश किया। शहर के सबसे बेहतरीन फाइन डाइन रेस्टोरेंट में डिनर करके लौट रहे थे। अच्छा खाना, थोड़ी वाइन का सुरूर, होटल की लॉबी से होटल के कमरे का सफर कब तय किया, पता ही नहीं चला।

विजय ने कपड़े पहनते हुए मोबाइल में टाइम देखा तो 11 बज चुके थे। निकलने को तैयार ही था, कि हर बार की तरह सूरज ने एक लिफाफा आगे कर दिया। विजय ने चुपचाप उसे अपनी पैंट की जेब में रख लिया।

"थैंक यू विजय फॉर योर टाइम। इट वॉज़ अ प्लेज़र।"

"सी यू सून अगेन।"

"थैंक यू" कहकर विजय होटल के कमरे से निकला।

होटल की लॉबी से निकलकर, विजय ने मोबाइल में आई मिस्ड कॉल्स देखीं। काफी देर हो चुकी थी। रोहित के 4 मिस्ड कॉल्स देखकर उसे याद आया कि आज उसे रोहित से मिलना था। उसने मैसेज करना ही ठीक समझा:

"सॉरी यार लेट हुआ ऑफिस में, एक क्लाइंट साइट पर जाना था। गुड नाइट।"

मैसेज डिलीवर्ड और रीड!

अचानक से फोन बज पड़ा।

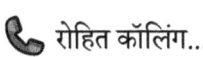 रोहित कॉलिंग...

विजय ने कॉल डिस्कनेक्ट किया।

"एट होम, कल बात करते हैं।"

"यार बहुत मिस कर रहा हूँ।"

"सिरियसली मुझे टाइम ही नहीं मिल रहा। खुद के लिए भी नहीं। थक गया हूँ बहुत। इतना काम जो है।"

"टेक रेस्ट। कल संडे है, सुबह मंदिर चलते हैं साथ में प्लीज।"

"ओके।। अब सोना है। गुड नाइट।" और विजय ने मोबाईल जेब में रख लिया।

एक टैक्सी को हाथ दिया और घर का पता बताया। कैब में बैठकर जेब से लिफाफा निकालकर देखा तो उसमें 5000 रुपये थे।

तभी मोबाईल में मैसेज टोन बजी। खोल के देखा तो सर का मैसेज था।

"विजय, आर यू फ्री टूमारो मॉर्निंग? मेरा एक फ्रेन्ड Dubai से आ रहा है।"

"सर वो थोड़ा। पैसे का ..... उनको बोल देना आप"......

"डोन्ट वरी विजय. ही विल टेक गुड केयर ऑफ यू। लंच डिनर एण्ड ड्रिंक्स भी , जस्ट स्पेन्ड सम गुड टाइम विद हिम एण्ड एंजॉय "

Seriously!! Wow अनायास ही विजय के मुह से निकल गया।

विजय ने बिना एक मिनट भी गवाये "Yes sir" लिख कर भेज दिया।

"Thanks. Good night, sir"

टैक्सी तेज रफ्तार से उसके घर की तरफ भागी जा रही।

फिर याद बहुत तुम आते हो....

जब ठंडी हवा, सिहरा सिहरा,
छू छू के बदन को गुजरती है,
कभी रुकती है, कभी चलती है,
रह रह कर आहें भरती है,
तुम छू के गुजर से जाते हो,
फिर याद बहुत तुम आते हो।

जब ओस के छोटे छोटे कण,
नन्हे मोती से चमकते हैं
जब धूप की किरणों से तप कर,
बर्फ के ढेर पिघलते हैं
संग उनके तुम खो जाते हो,
फिर याद बहुत तुम आते हो।

जब पतझड़ में एक पत्ता उड़,
गीले शीशों से चिपकता है।
जब दर्द उभर कर नस- नस में,
टूटे शीशे सा चटकता है,
तुम मन चटका सा जाते हो,
फिर याद बहुत तुम आते हो।

जब वर्षा के काले बादल.
घिरते हैं पर ना बरसते हैं।
जब तन की प्यास बुझाने को,
माटी के कण भी तरसते हैं,
तुम प्यासा ही तरसाते हो,
फिर याद बहुत तुम आते हो।

जब गर्मी के सूरज से तप,
नव अंकुर भी मुरझाते हैं,
जब लू की गर्मी को सह कर,
मुख कोपल भी कुम्हलाते हैं।
तुम मन कुम्हला सा जाते हो,
फिर याद बहुत तुम आते हो।

जब बगिया की हर शाखों पे,
नव पल्लव से अँकुरते हैं,
जब मन में कुछ सपने जग कर,
एक झूठी आस जगाते हैं,
तुम फिर भी ना मिलने आते हो,
बस याद बहुत तुम आते हो।

ऐसे मिलने की क़ीमत क्या?

ऊपर से हम मिल जाते है,
शब्द अधर पे सिल जाते है।
जैसे पतझड़ की बगिया में,
सूखे पत्ते हिल जाते हैं।

मिलने की अब आस नहीं है,
हममें अब वो प्यास नहीं है!
ठुकराती हमको यह धरती,
अपनाता आकाश नहीं है।

फीके सारे मिलन बताशे,
रीते सारे खेल तमाशे।
मुझ में अब वो कशिश नहीं है,
तुममें वो मधुमास नहीं है।

पहेली

सोचा आज जीवन को सुलझा लूँ,
एक अरसे से पहेली जो बन गई हैं।
किधर से शुरू करूँ कुछ पता नहीं,
गठें कुछ पुरानी तो कुछ नयी हैं!

उलझने पहले पुरानी गर सुलझता हूँ,
तो नयी वाली कहानी छूट जाती है।
और चोट नई वाली अगर सहलाऊँ,
तो यादें कुछ पुरानी रूठ जाती है !

अलमारी में रखी एक पुरानी एल्बम,
और पीली पड़ चुकी पुरानी किताब!
याद दिलातीं हैं आज भी ऊस दिन की,
उसके फटे पन्नो में रखा सूखा गुलाब!

इतनी बिखरी हैं यादें तुम्हारी इस घर में,
कुछ कोने में, तो कुछ चिपकी दीवारों से
आईने पे पड़ी धूल की पर्त को पोछ कर,
देखो अब भी तुम ही झकाते हो दरारों से!

क्या फेंकूँ, क्या रखूँ क्या भूल जाऊँ मैं,
क्या नया,क्या पुराना,सिर्फ़ समान नहीं।
हर चीज बयां करती कुछ कहानी है,
अब इस घर में रहना भी आसान नहीं!

इतना उलझा हूँ, की अब याद भी नहीं,
क्या शिकवा था तुम्हें,और क्या गिला था।
हम से तो कुछ कभी कहा ही नहीं तुमने,
जाने का संदेश भी किसी और से मिला था!

इस कमरे, बिस्तर और इस आलमारी में!
तुम छोड़ गये यादें,जो पसरी हैं गलियारों में,
इत्र आज भी ख़ुशबू से तुम्हारी महकता है,
सुनसान आज भी है बैठक, तेरे अँधियारो से!

समझ में नहीं आता, किधर से शुरू करूँ,
इस से तो अच्छा, फिर खो जाऊँ ख़्वाब में !
रख के वापिस आलमारी में वह एल्बम,
और वो सूखा गुलाब, उसी पुरानी किताब में!

श्री

श्री प्यास है मरु के तप तल की,
श्री तृष्णा है उस मृग जल की,
जो मिलती नहीं किसी मृग को
श्री चाहत है उस हर पल की।

श्री गुनगुन करते भ्रमरों से
श्री मधु से सिंचित अधरों से
है पुष्प कुंभ में छुपा हुआ,
श्री अमृत विभु, कर कमलों से।

श्री मेघ श्याम से कमल नयन
श्री चितवन शीतल मलय पवन
श्री वाणी अमृत रस धारा
श्री नाम जप ही संचित धन।

श्री आँखों में, संसार मिले
श्री चरणों में उद्धार मिले
श्री भक्ति में जो लीन हुआ
श्री मिले तो जीवन सार मिले

बहुत थक गया हूँ मैं

ज़िंदगी एक दौड़ बन गई है,

बेवजह भागते भागते।

बोझिल हो गई हैं आँखें,

ख़्वाबों में जगते जगते।

ख़त्म ही नहीं होती ये झंझटें,

कभी तो थोड़ा चुक जाऊँ,

बहुत थक गया हूँ मैं,

सोचता हूँ थोड़ा रुक जाऊँ।

रुक कर देखूँ बत्तियों को,

जुगनू की तरह टिमटिमाती हुई।

नीली, लाल, और कई रंग वाली,

पीले सोने सी जगमगाती हुई।

चका-चौंध करती है रोशनी,

इस रोशनी में कहीं खो जाऊँ,

बहुत थक गया हूँ मैं,

सोचता हूँ थोड़ा सो जाऊँ।

सोचा चलती रहेगी ज़िंदगी,
प्यार से हँसते, मुस्कुराते हुए।
कुछ लोग मिलेंगे, बात करेंगे,
कट जाएगा सफ़र आते जाते हुए।
पर झूठ से भरी है ये दुनिया,
डर है इनके जैसा न हो जाऊँ,
बहुत थक गया हूँ मैं,
सोचता हूँ कहीं खो जाऊँ।

नोंच दूँ मुखोटे सभी के
पोंछ दूँ परत इनके चेहरों की।
धो दूँ इनको तेज़ बारिश में,
खोल दूँ ज़ंजीर इनके पैरों की।
मोड़ दूँ सबको दिखावे से दूर,
मैं भी नई राह पे मुड़ जाऊँ!
बहुत थक गया हूँ मैं,
सोचता हूँ दूर कहीं उड़ जाऊँ!

www.ingramcontent.com/pod-product-compliance
Lightning Source LLC
LaVergne TN
LVHW061622070526
838199LV00078B/7387
9789365543292